SUPERFACTS

>>> TIERE

Die unglaublichsten Top-10-Rekorde

arsEdition

Inhalt

Die GIFTIGSTEN

1. Würfelqualle
2. Krustenanemone
3. Pfeilgiftfrosch
4. Kegelschnecke
5. Blauringkrake
6. Gelber Mittelmeerskorpion
7. Inland-Taipan
8. Trichternetzspinne
9. Dubois' Seeschlange
10. Steinfisch

1.

Tödlich

Seit 1954 wurden mehr als 5000 Todesfälle, die auf das tödliche Gift der Würfelqualle zurückgehen, gezählt. Im Schnitt 80 pro Jahr.

Giftiger Lebensretter

6. Der Skorpion ist angriffslustig. Sein Gift kann gerade bei Kindern zum Tod führen. Eingesetzt wird das Gift auch, um bei Organtransplantationen die Immunabwehr zu unterbrechen; damit werden die Organe vom Körper besser angenommen.

Tiere

3.

Knallig bunt!

Der Schreckliche Pfeilgiftfrosch ist der giftigste Frosch der Welt. Sein Gift reicht aus, um zehn Menschen oder 20000 Labormäuse zu töten. Es führt zu Lähmungen und damit zum Tod durch Ersticken. Die Choco-Indianer Kolumbiens tauchten die Spitzen ihrer Pfeile in das Gift, daher der Name des Frosches. Der Frosch lebt in einem kleinen Gebiet am Rio Saija, nahe der Küste.

7.

Giftigste Schlange der Welt

Das Gift des Taipans ist 20-mal giftiger als das der nächstgiftigeren Schlange, der asiatischen Kobra. Schon nach 45 Minuten stirbt man daran.

5.

Warnblinkanlage

Der braun gefleckte Körper der Krake bekommt tiefblaue Ringe, sobald sie sich bedroht fühlt. Der kaum handtellergroße Krake sagt damit: Lass mich in Ruhe! Beißt er zu, ist das nicht schmerzhaft, führt aber schnell zu Sprachstörungen und Lähmungen. Das Opfer bleibt trotzdem bei vollem Bewusstsein.

Australien

Acht der zehn giftigsten Schlangen und 21 der 25 giftigsten Spinnen leben in Australien. Dann gibt es noch giftige Skorpione, Hundertfüßer, Ameisen, Quallen, Seeschnecken und Fische. Weite Teile des australischen Kontinents bieten den Tieren harte und karge Lebensbedingungen. Die Jagd muss also erfolgreich verlaufen, um das eigene Überleben zu sichern. Dabei hilft das Gift.

DANGER!

Die SCHWERSTEN

1. Blauwal
2. Walhai
3. Elefant
4. Flusspferd
5. Seeelefant
6. Nashorn
7. Mondfisch
8. Leistenkrokodil
9. Lederschildkröte
10. Eisbär

1.

Doppelter Rekord

Der Blauwal ist das schwerste und das größte Tier auf unserem Planeten. Er kann bis zu 190 Tonnen wiegen und bis zu 27 Meter lang werden. Er ernährt sich von Krill und Plankton, winzigen Meereslebewesen. Davon braucht er zwischen vier und acht Tonnen täglich! Sein Herz hat die Größe eines VW-Beetle. Wenn der Riese ausatmet, dann schießt eine ca. neun Meter hohe Fontäne in die Luft.

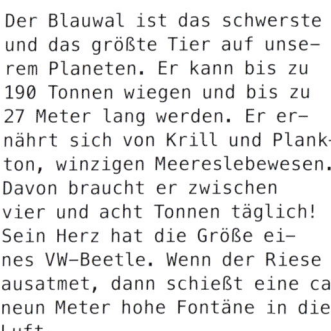

8.

Mächtiges Reptil

Das Leistenkrokodil heißt auch Salzwasserkrokodil und ist das zurzeit mächtigste Reptil. Es wiegt über eine Tonne und kann bis zu sieben Meter lang werden. Man vermutet, dass die Tiere sehr alt werden können, einige sogar über 100 Jahre.

Tiere

Größter Hai

Der Walhai erreicht eine Gesamtlänge von 15 bis 18 m und ein Gewicht von bis zu 12 Tonnen. Er schwimmt mit weit aufgerissenem Maul durch planktonreiche Gewässer und verschluckt die darin enthaltenen Krebse, Quallen und kleinen Fische.

2.

3.

Gutes Gedächtnis

Der Elefant ist das schwerste und größte lebende Landsäugetier. Er kann bis zu sechs Tonnen wiegen und eine Schulterhöhe von 3,30 Meter erreichen. Sein Gehirn ist mit 5,4 Kilogramm ebenfalls ein Schwergewicht. Die Tiere haben ein extrem gutes Gedächtnis und erkennen noch nach Jahren Artgenossen wieder.

6.

Schwer, aber schnell

Das Nashorn ist drei bis vier Tonnen schwer und dafür ziemlich schnell: Mit bis zu 50 km/h trampelt es durch die Savanne.

Wie wird gewogen?

Tiere wie einen Elefanten oder ein Flusspferd kann man auf Fahrzeugwaagen wiegen. Diese Waagen sind sehr genau und die Tiere können einfach hinaufgeführt werden. Das funktioniert mit einem Blauwal oder einem Walhai nicht. Gestrandete, tote Tiere können dagegen mit Kranwaagen gewogen werden. Lebende Tiere kann man nur schätzen.

Die LAUTESTEN

1.

Donner & Blitz

Knallen kann der Krebs nur mit einer seiner Scheren. Ein beweglicher Zahn daran wird vorgespannt und trifft dann mit 6 m/s in eine Grube gegenüber. Eine Luftblase entsteht, die sich mit einem Knall auflöst. Gleichzeitig werden Wärme und ein Blitz erzeugt. Bis zu 250 Dezibel erreicht der Knall, das ist lauter als jeder Düsenjet. Mit der Schere erlegt der Krebs seine Beute und hält seine Artgenossen auf Abstand.

1. Pistolenkrebs
2. Pottwal
3. Blauwal
4. Großes Hasenmaul
5. Kakapo
6. Molukkenkakadu
7. Nördlicher Seeelefant
8. Elefant
9. Löwe
10. Afrikanische Zikade

9.

Gebrüll

Löwen brüllen so laut, dass man sie bis zu fünf Kilometer weit hört.

Tiere !!!

2. Klick, klick

Der Pottwal ist auch ein Unter-
wasser-Schreihals. Er verstän-
digt sich mit bis zu 230 Dezibel
starken Klicklauten. Gleichzeitig
dienen sie ihm als Ortung für
Beute. Zwei Klicklaute pro Sekunde gibt der Wal normalerweise
von sich; hat er eine Beute aus-
gemacht, dann können es bis zu
200 pro Sekunde sein.

6. Schwieriger Zeitgenosse

Molukkenkakadus sind so laut,
dass es schon Gerichtsurteile
gegeben hat, weil Nachbarn das
Vogelgeschrei zu viel wurde. Als
Haustiere sind die sehr sensib-
len und besitzergreifenden Vögel
schwierig.

8. Trompeter

Elefanten trompeten nur in Ausnahmesituationen:
immer dann, wenn sie sich besonders freuen oder
ärgern. Der Laut kommt aus dem Rüssel des Tiers.
Wie der Elefant ihn erzeugt, weiß man bis heute
nicht!

Lautstärke

Lautstärke wird in Dezibel gemessen, abgekürzt dB. Eine Autohupe hat 90 dB,
ein startender Jet 130 dB. Menschen bekommen Ohrenschmerzen ab einer Lautstärke
von 120 dB, geschädigt wird unser Gehör ab 160 dB. Menschen hören nur bestimmte
Tonfrequenzen. Deshalb können wir nicht jeden Tierlaut hören. Umgekehrt erfassen
Tiere mit sehr feinen Ohren manche Töne nicht, die für uns ganz klar klingen.

Die BUNTESTEN

7.

Glänzen wie Metall

Das Gefieder der Mandarinente ist nicht nur auffallend bunt, es hat auch einen metallischen Glanz. Bunt sind allerdings nur die Männchen, die Weibchen haben eine unauffällige graubraune Färbung. In Europa sind Mandarinenten nicht heimisch. Sie werden gerne als Ziergeflügel gehalten. Ein paar Tiere sind ausgebüxt und verwildert.

Glücksbringer

Die Farben des Großen Rosenkäfers können ganz unterschiedlich sein, grell und metallisch sind sie immer. In Europa ist er eines der auffallendsten Insekten. Deshalb galt er bei den Kelten auch als Glücksbringer.

5.

1. Chamäleon
2. Papageifisch
3. Allfarblori
4. Pfeilgiftfrosch
5. Großer Rosenkäfer
6. Kragentaube
7. Mandarinente
8. Fangschreckenkrebs
9. Gecko
10. Spanischer Schal

Alles Tarnung

Der Spanische Schal ist eine Fadenschnecke. Sie ist so grellbunt, um den Fressfeinden vorzugaukeln, dass sie besonders giftig ist. Das stimmt allerdings nicht.

10.

Tiere 👍

Bunt & brutal

Der Fangschreckenkrebs schillert in allen Farben des Regenbogens. Meist lebt das Tier, das als ausgesprochen angriffslustig gilt, zurückgezogen in Felsspalten. Schnecken, Muscheln und kleine Fische frisst der Krebs. Trifft er auf eines dieser Tiere, dann schlägt er mit brutaler Kraft und 85 km/h auf das Opfer ein. So knackt er Schalen oder zertrümmert den Schädel eines Fischs.

8.

1.

Wechselspiel

Das Chamäleon wechselt seine Farbe, um sich zu tarnen. Aber das ist nur ein Teil der Wahrheit. Eigentlich wechselt es seine Farbe je nach Stimmung. Ist es auf Brautschau, dann schillert es in den buntesten Farben, ärgert es sich, dann wird es schwarz. Bewusst steuern kann das Tier die Farben nicht.

Warum bunt?

Wenn Tiere eine auffallende bunte Färbung haben, dann gibt es dafür zwei Gründe: Die Farbe soll vor Fressfeinden schützen, oder sie soll helfen, den bestmöglichen Partner zu finden. Interessant ist, dass gerade die Farben Rot, Gelb und Schwarz besonders häufig bei giftigen Tieren anzutreffen sind. Die Kombination Gelb und Schwarz ist uns durch Wespen besonders bekannt.

Die KLÜGSTEN

2.

Lern-fähig

Wild lebende Kakadus benutzen keine Werkzeuge. In Gefangenschaft hat man beobachtet, dass sich ein Goffin-Kakadu ein Werkzeug gebaut hat, um eine Nuss aus einem Käfig zu angeln. Artgenossen, die seine Technik beobachteten, haben sie nicht nur übernommen, sondern sogar noch verbessert.

Zusammen intelligent

Ameisen können sich maximal 10 Sekunden etwas merken. Im Schwarm sind sie trotzdem effiziente und intelligente Tiere. Sie bilden Staaten, in denen jedes Tier eine Aufgabe zu erfüllen hat, und sie verständigen sich untereinander mithilfe von Duftstoffen.

1. Schimpansen von Bossou
2. Goffin-Kakadu
3. Delfin
4. Elefant
5. Rabe
6. Krake
7. Ameise
8. Schwein
9. Waschbär
10. Hund

7.

Tiere

5.

Gesichtserkennung

Rabenvögel lernen sehr schnell. Das ist aber nicht alles: Sie erkennen Gesichter und wissen noch nach Jahren, wer ihnen Leid angetan hat. Treffen sie auf so einen Menschen, warnen sie ihre Artgenossen.

9.

Gutes Gedächtnis

Haben Waschbären für ein verzwicktes Problem einmal eine Lösung gefunden, dann können sie sich diese bis zu drei Jahre lang merken!

1.

Handwerk

In Guinea hat man einen Affenstamm, die Schimpansen von Bossou, entdeckt, die 24 verschiedene Tätigkeiten mit Werkzeugen ausführen können. Aus Palmblättern falten sie zum Beispiel Sitzkissen. Durch Beobachten hat die Gruppe sogar gelernt, Fallen zu entschärfen.

Tierische Intelligenz

Wann gilt ein Tier als intelligent? Wenn es die Fähigkeit hat, Probleme zu erkennen, und dafür Lösungen entwickelt. Grundvoraussetzung dafür ist, seine Umwelt richtig einschätzen zu können. Besonders schlau sind die Tiere, die nicht immer gleich vorgehen, sondern frühere Erfahrungen in ihre neuen Lösungsversuche einfließen lassen und dadurch immer besser werden.

Die GEFÄHRLICHSTEN

8.

Killerkrokodil

Krokodile lauern ihren Opfern im Wasser auf. Sie schnappen zu und ziehen die Beute unter Wasser, bis sie ertrinkt. In Südostasien fallen viele Fischer den Salzwasserkrokodilen zum Opfer. Gefährlich wird es immer dort, wo sich der Lebensraum von Mensch und Krokodil überschneidet.

1. Mücke
2. Hund
3. Raubwanze
4. Süßwasserschnecke
5. Tsetse-Fliege
6. Spulwurm
7. Bandwurm
8. Krokodil
9. Elefant
10. Nilpferd

2.

Nicht nur ein Freund

Pro Jahr sterben ca. 25 000 Menschen an den Folgen eines Hundebisses. Viele werden Opfer speziell abgerichteter Hunde.

Tiere

1.

Blutsauger

Ungefähr 3500 verschiedene Mückenarten gibt es. Einige von ihnen übertragen Krankheiten, die in Ländern mit unzureichender medizinischer Versorgung tödlich enden. Man schätzt, dass bis zu einer Million Menschen nach Mückenstichen sterben.

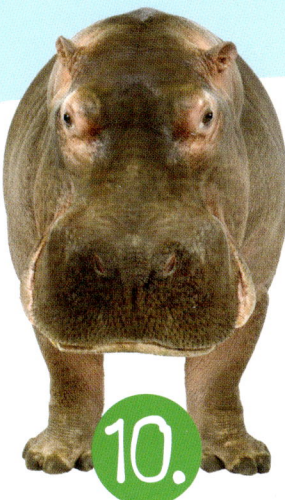

10.

Gar nicht schwerfällig

Nilpferde wirken gemütlich und schwerfällig, egal ob an Land oder im Wasser. Meist sind sie ruhig. Das ändert sich schnell, fühlt sich ein Tier bedroht. Dann reagiert es aggressiv und greift mit seinen scharfen Eckzähnen ohne zu zögern an.

9.

Übellauniges Schwergewicht

Während der Brunftzeit sind Elefantenbullen leicht reizbar und angriffslustig. Die Schwergewichte schlagen mit ihrem Rüssel um sich, trampeln nieder, was sich ihnen in den Weg stellt, und manchmal spießen sie auch Opfer mit ihren Stoßzähnen auf. Bis zu 500 Menschen sterben jährlich durch Elefantenattacken.

Ahnungslos

Von einem Bandwurmbefall merkt man zunächst nichts. Auch nach einem Mücken- oder Raubwanzenstich dauert es, bis die ersten Anzeichen einer übertragenen Erkrankung zu spüren sind. Manchmal vergehen Wochen, manchmal Jahre, während die Erreger den menschlichen Körper schwächen. Menschen, die in Ländern mit unzureichender medizinischer Versorgung leben, sterben oft nach so einer Infektion.

7.

Die BEDROHTESTEN

Elfenbein **1.**

Seit Jahrhunderten wird der Elefant wegen des Elfenbeins gejagt, das aus seinen Stoßzähnen gewonnen wird. Kunstvolle Schnitzereien, Alltagsgegenstände oder Schmuck werden daraus gefertigt. Bis heute ist der Mensch eine Bedrohung für den grauen Riesen, auch weil er beispielsweise durch Besiedlung und Ausweitung von Agrarflächen immer weiter in den Lebensraum der Elefanten eindringt.

1. Afrikanischer Elefant
2. Heringshai
3. Tiger
4. Nebelparder
5. Seeadler
6. Meeresschildkröte
7. Wolf
8. Großer Panda
9. Menschenaffe
10. Kegelrobbe

König der Lüfte **5.**

Der Seeadler ist der größte Greifvogel in Europa mit einer Flügelspannweite von bis zu 2,60 Metern. Da er vom Menschen ausschließlich als Raubvogel betrachtet wurde, war er bereits um 1900 fast vollständig ausgerottet.

Tiere

2.

Endstation Fischtheke

Das Fleisch der Heringshaie ist beim Menschen beliebt. Man findet es oft auch unter der Bezeichnung Seestör oder Kalbsfisch in den Fischtheken. In den letzten 50 Jahren hat der große Appetit darauf die Bestände drastisch reduziert.

Baumtiger

Nebelparder werden wegen der wunderschönen Zeichnung ihres Fells immer noch gejagt. Die scheue Großkatze ist ein hervorragender Kletterer und lebt überwiegend auf Bäumen.

4.

Bösewicht

Schon immer hatte der Mensch Vorurteile dem Wolf gegenüber, immer war dieses Tier von Mythen umgeben. Erst im Jahr 2000 kamen erste Wolfsrudel wieder nach Deutschland, zuvor galt er als ausgerottet.

7.

Ein Drittel

Die Weltnaturschutzunion geht davon aus, dass fast ein Drittel der von ihr untersuchten Tier- und Pflanzenarten vom Aussterben bedroht ist. Der Mensch dringt immer weiter in den Lebensraum der Tiere vor, teilweise wird auch illegal mit Fellen, Zähnen oder Ähnlichem gehandelt. Klimawandel und Umweltverschmutzung begünstigen das Artensterben ebenfalls.

Die KLEINSTEN

1. Fisch *Paedocypris progenetica*
2. Hundertfüßer Nannarrup hoffmani
3. Satomi-Zwergseepferdchen
4. Tintenfisch Octopus wolfi
5. Chamäleon Brookesia micra
6. Kugelfingergecko
7. Schweinsnasenfledermaus
8. Etruskerspitzmaus
9. Bienenelfe
10. Gesägte Flachschildkröte

1.

Kleinster Fisch

Zu den kleinsten Arten unter den Fischen gehören Grundel und Karpfenfische. *Paedocypris progenetica* ist ein Karpfenfisch. Das kleinste geschlechtsreife Weibchen, das jemals gefunden wurde, war knapp 8 mm lang.

Kleinstes Chamäleon

Im Jahr 2007 wurde das winzige Chamäleon, das sich nicht bunt verfärben kann, entdeckt. Sein Körper, ohne Schwanz, misst 16 mm. Es ernährt sich von noch kleineren Insekten und Milben. Es ist vom Aussterben bedroht.

5.

Tiere

10.

Winzling Kolibri

Nur 2 Gramm wiegt die Bienenelfe, das ist weniger als eine
Feder ihres großen Artgenossen
Strauß. Auch ihre Eier sind re-
kordverdächtig klein: Sie haben
mit 5 Millimeter Länge und einem
Gewicht von 0,25 Gramm gerade
die Größe einer Erbse.

Klein und flach

Die Gesägten Flachschild-
kröten sind nicht nur sehr
klein, sondern auch sehr
flach. Da sie in Felsspalten le-
ben, geht man davon aus, dass sich Größe und Pan-
zerform den Lebensumständen angepasst haben.

Kleinstes Säugetier

Die Schweinsnasenfledermaus und die Etruskerspitzmaus teilen sich den Titel kleinstes Säugetier.
Die Spitzmaus ist
ungeheuer gefrä-
ßig. Täglich nimmt
sie an Würmern,
Maden, Ameisen,
Grillen und Spin-
nen das Dreifache
ihres Körperge-
wichts zu sich.
Das Herz des
Winzlings schlägt
bis zu 1500-mal
pro Minute.

8.

9.

Klein und groß

Die Liste der kleinsten Tiere
ließe sich noch lange fortset-
zen. Für jede Tierart gibt es
einen kleinsten Vertreter: Bei
den Hunden ist die kleinste Rasse der Chihuahua, bei den Elefanten ist es der Borneo-Zwerg-
elefant. Der kleinste Hai, ein
Zwerg-Laternenhai, wird maximal
17,5 Zentimeter lang.

Die SCHNELLSTEN

7.

Langstrecke

Gabelböcke sind sehr gute Langstreckenläufer. Müssen sie eine Strecke von 10 Kilometern zurücklegen, dann schaffen sie das mit einer durchschnittlichen Geschwindigkeit von 65 km/h. Auf der Flucht können sie bis zu 88,5 km/h schnell werden. Sie lieben offene, weite Landschaften und leben in den Grassteppen Nordamerikas.

1. Wanderfalke
2. Steinadler
3. Schwarzer Marlin
4. Gepard
5. Afrikanischer Strauß
6. Mexikanische Bulldoggfledermaus
7. Gabelbock
8. Löwe
9. Hirschziegenantilope
10. Echter Hase

10.

Hurtig hoppeln

Bei Gefahr gräbt der Hase sich eine flache Mulde, in der er sich versteckt. Im letzten Moment flieht er mit bis zu 80 km/h. Dieses Tempo hält er ungefähr 20 Meter durch, dann geht es mit 57 km/h weiter.

Tiere

1.

Sturzflug

Den Wanderfalken gibt es weltweit. Im Sturzflug erreicht er eine Geschwindigkeit von über 300 km/h. Die bisher gemessene Spitzengeschwindigkeit eines Vogels war 389 km/h.

Mit Rückenwind

Fledermäuse nutzen Echoortung, um Hindernisse und ihre Beute auszumachen. Sie setzen das Signal, das sie aussenden, auch als Störsignal ein, um ihren Artgenossen die Beute vor der Schnauze wegzuschnappen, bei Rückenwind mit bis zu 96 km/h, ohne bis zu 65 km/h.

5.

Der Läufer

Der Afrikanische Strauß hält mehrere Rekorde: Er ist der größte Vogel, er legt auch die größten Eier und er ist sehr schnell. Fliegen kann der Strauß allerdings nicht. Er läuft mit bis zu 97 km/h.

6.

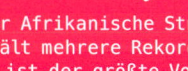

Mensch und Tier

Ein absoluter Weltklassesprinter kann eine Spitzengeschwindigkeit von über 40 km/h erreichen. Im Schnitt liegt sein Schritttempo bei über 35 km/h. Im Tierreich sind Hauskatzen und Flusspferde ähnlich schnell. Gegen das schnellste Landtier, den Geparden, hat selbst der beste Läufer keine Chance: Die Raubkatze erreicht in der Spitze ein Tempo von 120 km/h.

Die SKURRILSTEN

1. Sphynx
2. Uakari
3. Warzenschwein
4. Cantors Riesenweichschildkröte
5. Weißkopfsaki
6. Nacktmull
7. Koboldmaki
8. Seeelefant
9. Hufeisennase
10. Helmkasuar

1.

Nackt

Räkelt sich die nahezu haarlose Sphynx in der Sonne, dann bekommt sie einen Sonnenbrand. Sie muss mit Sonnencreme geschützt werden. Da sie viel Körperwärme verliert, verbraucht sie mehr Energie als Katzen mit Fell. Ihr Futterverbrauch ist also größer als bei behaarten Katzen.

6.

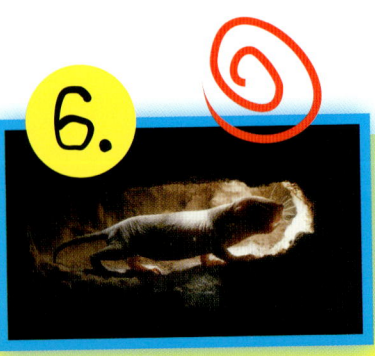

Nacktmull-Königin

Nacktmulle sind mausähnliche Säugetiere. Sie leben in Kolonien, die wie Bienenstaaten organisiert sind. Regiert werden sie von einer Königin, dem einzig fruchtbaren Weibchen.

Tiere

8.

Kurzer Rüssel

Seeelefanten gehören zu den größten Robbenarten und zu den größten Raubtieren. Bullen können ein Gewicht von bis zu 2500 Kilogramm erreichen. Nur die Männchen haben einen Rüssel. Bei den Nördlichen Seeelefanten wird er bis zu 30 Zentimeter lang. Bei Kämpfen unter Rivalen wird der Rüssel aufgeblasen und zeigt, wer der Stärkere ist.

10.

Scharfe Krallen

Der Kasuar ist ein Laufvogel, der in Australien lebt. Er bekommt bis zu 12 Zentimeter lange, scharfe Krallen. Wird er angegriffen, springt er aus dem Lauf heraus seinen Gegner an und bohrt ihm seine Krallen ins Fleisch. Vor etwa 35 Jahren hat ein Kasuar im Londoner Zoo auf diese Art zwei Wärter getötet. Er wird auch der Vogel mit der »Todeskralle« genannt.

2.

Rotes Gesicht

Die Gesichter der Uakaris sind deshalb so rot, weil ihnen in der Gesichtshaut Pigmente fehlen. Ihre Haut ist stark durchblutet. Ein richtig rotes Gesicht ist das Zeichen für Gesundheit. Es ist für die Partnersuche wichtig. Die Affen leben in den Wäldern Kolumbiens, Brasiliens und Perus.

Hässlich **Hübsch**

Faszination

Bei Hundebabys oder Katzenkindern hört man verzückte Ausrufe: Ach wie süß! Dann gibt es die anderen Tiere, die ein skurriles oder sogar abstoßendes Äußeres haben und Menschen gerade deshalb faszinieren. Wäre sonst eine Katze wie die Sphinx gezüchtet worden?

Die LANGSAMSTEN

9.

Langschläfer

Koalas ernähren sich ausschließlich von Eukalyptusblättern. Diese Nahrung ist nicht sehr energiereich. Deshalb schlafen Koalas ca. 18 Stunden am Tag, um Energie zu sparen. Die verbleibenden Stunden verbringen sie mit Fressen. Da sich die Tiere nur langsam bewegen, sind Waldbrände für sie sehr gefährlich.

1. Fadenwurm
2. Bananenschnecke
3. Seepferdchen
4. Seestern
5. Weinbergschnecke
6. Faultier
7. Riesenschildkröte
8. Seekuh
9. Koala
10. Gila-Krustenechse

3.

Mit dem Strom

Betrachtet man die Flossen des Seepferdchens im Vergleich zur Größe seines Körpers, dann sind sie sehr klein. Das Seepferdchen nutzt seine Flossen, um mit ihnen zu steuern, weniger um sich damit fortzubewegen. Nur die Strömung trägt es weiter.

Tiere

10.

Gefährlich langsam

Der Biss dieser Krustenechse kann für einen Menschen tödlich sein. Aufgrund seiner Langsamkeit kommt es aber selten zu Unfällen.

6.

Fast bewegungslos

Faultiere werden ungefähr 40 Jahre alt, davon verschlafen sie 34. Mit ihren langen gebogenen Krallen hängen sie sich an einen Ast. Ihren Kopf können sie um 270 Grad drehen, so erreichen sie, ohne sich zu bewegen, mehr Blätter. Nur alle ein bis zwei Wochen klettert das Faultier von seinem Baum, und zwar, wenn es »muss«.

2.

Im Schneckentempo

Als langsamste Schnecke gilt die in Nordamerika lebende Bananenschnecke. Mit gerade einmal 10 Zentimetern pro Stunde kriecht sie über den Waldboden. Dagegen ist die Weinbergschnecke richtig schnell unterwegs: 7 Meter pro Stunde legt sie zurück, obwohl sie ihr Haus mit sich herumträgt.

Tierisch langsam

Besonders langsame Tiere wie das Faultier oder der Koala haben kaum natürliche Feinde, sie müssen also nicht schnell fliehen. Im Gegenteil: Die Langsamkeit hilft ihnen, sich vor Feinden zu tarnen. Außerdem ist ihre Nahrung nicht besonders nährstoffreich, dank der langsamen Bewegungen verbrennen sie nur wenig davon.

FIN ISH

Die GEFRÄSSIGSTEN

4.

Gruppen-mahlzeit

Eine einzelne ausgewachsene Heuschrecke frisst pro Tag 2,5 Gramm, was ziemlich genau ihrem Körpergewicht entspricht. Treten die Tiere in riesigen Schwärmen auf, die Milliarden Tiere umfassen können, richten sie enormen Schaden an. 2004 fraßen Schwärme in Afrika zwischen drei bis vier Millionen Hektar Land kahl.

1. Blauwal
2. Löwe
3. Elefant
4. Heuschrecke
5. Erdferkel
6. Maus
7. Ratte
8. Möwe
9. Schnecke
10. Wildschwein

1.

Schwergewicht

Ein Blauwal frisst pro Tag ca. dreieinhalb Tonnen Kleinkrebse bei einem Körpergewicht von bis zu 200 Tonnen.

Tiere

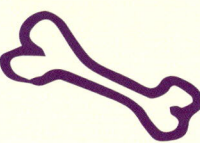

Fleischfresser

Täglich brauchen Löwen sieben bis zehn Kilogramm Fleisch. Haben sie eine große Beute erlegt, dann können die Raubkatzen bis zu 40 Kilogramm an einem Tag fressen und danach einige Fastentage einlegen. Da Löwinnen keine Mähne haben, sind sie unauffälliger und deshalb bei der Jagd erfolgreicher.

Bodenwühler

Zwei bis drei Kilogramm nimmt ein Wildschwein pro Tag zu sich. Tauchen mehrere Tiere auf, verwüsten sie ganze Äcker. Mit ihren Schnauzen durchwühlen sie den Boden und graben Essbares aus. Dabei sind sie wählerisch: Von allen Kartoffelsorten schmecken ihnen die Frühkartoffeln am besten.

Insektenfresser

Erdferkel ernähren sich von Ameisen und Termiten. Pro Nacht knackt das Ferkel mit seinen Klauen ca. 200 Baue auf. Mit seiner langen Zunge schleckt es die Insekten heraus. Um die 50 000 können pro Nacht von ihm gefressen werden.

Übersetzungsfehler

Der Name Vielfraß lässt vermuten, dass es sich um ein Tier handelt, das besonders gefräßig ist. Er entstand aber angeblich durch einen Übersetzungsfehler: »Fjellfräß« bedeutete im Altnordischen »Gebirgskatze«, wurde aber mit »Vielfraß« übersetzt.

Die BESTEN

9.

Meereswühler

Die knapp 400 Tonnen schweren Dugongs leben in seichten tropischen Gewässern. Bei ihren bis zu sechs Minuten langen Tauchgängen graben sie die Wurzeln von Seegras aus. Nachdem sie den Sand herausgeschüttelt haben, fressen sie die Pflanzen.

1. Cuvier-Schnabelwal
2. Pottwal
3. Wedellrobbe
4. Geierschildkröte
5. Meerechse
6. Walross
7. Seekuh
8. Kaiserpinguin
9. Dugong
10. Seeotter

8.

Schneller Flitzer

Mit 25 km/h schießt der Pinguin durch das Wasser. Eine Tauchtiefe von 200 Metern ist dabei keine Seltenheit. 20 Minuten kann so ein Tauchgang dauern.

Taucher

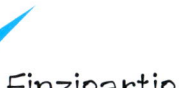

Nasser Pelz

Taucht der Otter nach Beute, dann verengen sich seine Nasenlöcher und seine Ohröffnungen schließen sich. Auf der Jagd muss er sich also auf seinen Seh- und Tastsinn verlassen.

Einzigartig

Sie sehen aus wie kleine Drachen und sind die einzigen Echsen, die gut schwimmen können. Als wechselwarme Tiere halten sie sich nicht zu lange im Meerwasser auf. Ihre Tauchgänge dauern bis zu 30 Minuten und gehen bis in eine Tiefe von 15 Metern. Die Echsen weiden Algen von Felsen ab.

Hohes Tempo

Der bis zu sieben Meter lange und fast zwei Tonnen schwere Wal taucht sehr schnell. In einer Minute kann er eine Tiefe von 100 Metern erreichen. Tauchgänge, die ihn 1900 Meter unter die Wasseroberfläche führen, sind normal. Der Wal kann 137 Minuten ohne Luft zu holen ausharren.

Luft anhalten

Fische müssen gar nicht Luft holen. Insofern sind sie natürlich die Tiere, die am längsten tauchen können. Spannender ist es aber zu sehen, dass ein Säugetier wie der Cuvier-Schnabelwal, ein Vogel wie der Pinguin und ein Reptil wie die Meeresechse sich ihrem Lebensraum angepasst haben und zu Tauchkünstlern geworden sind.

Die GRÖSSTEN

2.

Sammelobjekt

Dieser Schmetterling ist der größte Tagfalter. Männchen und Weibchen sehen ganz unterschiedlich aus. Die Männchen sind deutlich kleiner: Ihre Flügelspannweite liegt bei ca. 8 Zentimetern, die der Weibchen bei bis zu 28 Zentimetern. Bei Sammlern sind die Königin-Alexandra-Vogelfalter sehr begehrt, deshalb sind sie als stark gefährdet eingestuft.

1. Brasilianische Rieseneule
2. Königin-Alexandra-Vogelfalter
3. Goliath Birdwing
4. Herkulesspinner
5. Atlasspinner
6. Afrikanischer Riesenschwalbenschwanz
7. Nachtpfauenauge
8. Windenschwärmer
9. Monarchfalter
10. Schwalbenschwanz

1.

Scheuer Riese

Von allen Insekten hat wohl dieser Falter die größte Flügelspannweite mit 30 Zentimetern. Fliegt er in der Dämmerung, könnte man ihn auch für eine Fledermaus oder einen Nachtvogel halten.

Schmetterlinge

Kurze Lebenszeit

Der Atlasspinner hat keine Mundwerkzeuge. Er kann weder trinken noch fressen. Deshalb hat er eine relativ kurze Lebenserwartung von 10 bis 14 Tagen. Unter allen Schmetterlingen hat er mit 400 cm² die größte Flügelfläche.

5.

Weite Reise

9.

Monarchfalter haben nicht nur eine stattliche Flügelspannweite, sie halten auch den Rekord im Langstreckenflug: Bis zu 4000 Kilometer fliegen sie, aus ihrem Sommerquartier kommend, bis nach Mexiko. Dort überwintern sie dicht an dicht, um sich in den Bergwäldern vor Kälte zu schützen.

Größter Europäer

7.

Das Große Nachtpfauenauge wird auch Wiener Nachtpfauenauge genannt. Bis zu 17 Zentimeter Flügelspannweite hat dieser Schmetterling. Damit ist er der größte in Europa.

Butterfly

Die Engländer sagen »butterfly«, also »Buttervogel« zum Schmetterling. Das deutsche Wort leitet sich vom mittelhochdeutschen »schmetten« ab, das so viel wie »Rahm« bedeutet. Da Schmetterlinge an Rahmtöpfen herumflatterten, glaubte man im Mittelalter, sie seien verwandelte Hexen, die Rahm und Milch stehlen.

INTERESSANTE

5.

Blaublütig

Die Zunge der Giraffe ist ca. 50 Zentimeter lang. Das Tier kann sich damit die Augen reiben oder auch in der Nase bohren. Die stark durchblutete Zunge ist blau und sehr unempfindlich. Daher kann die Giraffe auch die Blätter der stacheligen Akazien mit ihrer Zunge abrupfen.

1. Geierschildkröte
2. Chamäleon
3. Ameisenbär
4. Schnecke
5. Giraffe
6. Raubfisch
7. Fledermaus
8. Waldsalamander
9. Wal
10. Nachtfalter

4.

Raspelzunge

Das Mundwerkzeug der Schnecken heißt Radula oder Raspelzunge. Diese Zunge ist ein elastisches Band, das mit 25 000 winzigen Raspeln bedeckt ist und über einen Knorpel gezogen wird. Damit zerkleinert die Schnecke in Windeseile ihre Nahrung oder entfernt Schleimreste an ihrem Gehäuse.

Zungen

Ist das ein Wurm?

Die Geierschildkröte ist keine gute Schwimmerin. Meist liegt sie im Schlamm unter Wasser. Aus ihrem Maul hängt die Zunge, an deren Ende ein rosarotfarbener wurmähnlicher Fortsatz baumelt. Wenn Fische ihn mit Futter verwechseln, schnappt die Schildkröte rasend schnell zu.

1.

2.

Zungenschuss

Hat das Chamäleon mit seinen scharfen Augen eine Beute erblickt, dann schießt es seine Zunge mit 5 m/s aus dem Maul. Die Zunge zielt auf den Kopf des Beutetiers. Das vordere Ende der Zunge, das einem Elefantenrüssel gleicht, greift das Tier. Wird die Beute ins Maul befördert, schließt das Chamäleon seine Augen, damit sie nicht vom zappelnden Opfer verletzt werden.

Riesig und schwer

Die Zunge des Blauwals wiegt vier Tonnen! Sie ist die größte, schwerste und längste, die es im Tierreich gibt.

9.

Saugrüssel

Es gibt eine Orchidee, deren Blütenkelch 25 Zentimeter tief ist. Auch sie muss bestäubt werden. Darauf hat sich der sechs Zentimeter große Nachtfalter *Xanthopan morganii* spezialisiert, dessen Rüssel 22 Zentimeter lang ist, also mehr als 3,5-mal so lang wie sein Körper.

Die BESTEN

2.

Wie ein Blatt im Wind

Der Körper eines Wandelnden Blatts sieht aus wie ein Blatt, selbst die Beine haben blattähnliche Formen. Die Tiere leben nur auf Pflanzen, ihre Tarnung ist also perfekt. Die dämmerungs– und nachtaktiven Tiere bewegen sich langsam und wippend vorwärts, wie ein Blatt im Wind.

1. Orchideenmantis
2. Wandelndes Blatt
3. Karnevalstintenfisch
4. Blattschwanzgecko
5. Fetzenfisch
6. Stabheuschrecke
7. Grüner Baumpython
8. Chamäleon
9. Saphirkrebs
10. Spannerraupe

3.

Verkleidungskünstler

Der Karnevalstintenfisch kann über 15 verschiedene Tiere nachahmen, sich 15-mal »verkleiden«: Von der Seeschlange bis zum Plattfisch reichen seine »Kostüme«. Damit ist er der einzige Oktopus, der verschiedene Tiere darstellen kann.

Tarnungskünstler

Faszinierende Schönheit

Die Orchideenmantis sind Lauerjäger: Gute Tarnung ist also eine Grundvoraussetzung für fette Beute. Sie sitzen absolut regungslos auf Blütenblättern, bis sich ihnen ein Leckerbissen nähert. Landet ein Tier außerhalb ihrer Reichweite, dann ahmen sie die Bewegungen der Blüten im Wind nach, wenn sie sich anschleichen.

Bewegungslos

Der Grüne Baumpython legt mit seinem Körper mehrere Schlingen um einen Ast, in deren Mitte sein Kopf liegt. Bewegungslos verharrt er so, manchmal bis zu 14 Tage. Kommt ein kleines Reptil oder Säugetier vorbei, dann schießt sein Kopf bis zu 40 Zentimeter vor und die Falle schnappt zu.

Zotteliger Einzelgänger

Dieser Fisch sieht ein bisschen zottelig aus. Steht er zwischen Algen im Wasser, schaukeln seine Fetzen mit der Dünung mit – damit ist er fast unsichtbar. Schwimmt etwas Essbares an seiner Schnauze vorbei, saugt es der Fisch einfach ein.

Mimikry und Mimese

Es gibt zwei verschiedene Möglichkeiten, sich zu tarnen: Mimikry und Mimese. Mimikry bedeutet, dass ein harmloses Tier die Gestalt, Färbung oder Bewegung eines gefährlichen oder giftigen Tiers annimmt. Betreiben die Tiere Mimese, dann sind sie dank Körperbau und Färbung so gut an ihre Umgebung angepasst, dass sie mit ihr verschmelzen, unsichtbar werden.

Die EKLIGSTEN

5.

1. Kakerlake
2. Ratte
3. Maus
4. Spinne
5. Made
6. Schlange
7. Qualle
8. Taube
9. Assel
10. Nacktmull

Warnzeichen

Der Ekel vor Maden schützt den Menschen davor, ein verdorbenes Lebensmittel wie Fisch oder Fleisch zu essen. Allerdings gelten Maden manchmal auch als Delikatesse. Auf Sardinien gibt es einen Käse »Casu Marzu«, bei dem der Madenbefall erwünscht ist. Die Maden fressen den Käse, durch ihre Ausscheidungen zersetzt er sich und wird weich.

Gelernte Angst

Die Angst vor Spinnen ist keine Urangst des Menschen. Als Kind beobachtet man, dass die Eltern Spinnen eklig finden, und übernimmt diese Verhaltensweise.

4.

Tiere

Allesfresser

Vor Kakerlaken ekeln sich Menschen sehr. Warum? Auf ihrem Weg durch menschliche Behausungen verlieren Schaben ständig Kot. Ihnen dient er als Wegweiser, beim Menschen kann er Allergien und Asthma auslösen. Gefährliche Erreger wie Salmonellen können von den »Mitbewohnern« ebenfalls übertragen werden.

1.

Transparente Schönheit

Quallen sind Nesseltiere. Nesseln sind winzige Zellen. Bei Berührung schießt eine Art Harpune aus ihnen heraus, die einen mit Gift gefüllten kleinen Schlauch nach sich zieht. Die Harpune dringt in die Haut ein und verursacht Brennen. Der Schmerz und die lautlose Annäherung sind Auslöser für den Ekel.

7.

2.

Krankheitsüberträger

Ratten, die als Haustiere gehalten werden, sehen niedlich aus. Tauchen Ratten aber in großen Mengen aus der Kanalisation auf, dann ekeln wir uns vor ihnen. Diese Tiere übertragen Krankheiten und sollen im Mittelalter auch die Pest verbreitet haben.

Schutzmechanismus

Starker Ekel kann Übelkeit, Würge- und Brechreiz, Schweißausbrüche und sogar eine Ohnmacht hervorrufen. Diese Reaktionen sind angeboren. Im Alter von zwei bis vier Jahren lernen Kinder, wovor sie sich ekeln sollten. Der Ekel schützt den Körper vor Verdorbenem oder Giftigem. Tiere, vor denen wir uns ekeln, sind mögliche Krankheitsüberträger oder giftig.

Die SCHÄRFSTEN

1.

Schärfer sieht keiner

Er kann seine Beute in acht Kilometern Entfernung ausmachen, selbst wenn es sich um eine relativ kleine Taube handelt. Sogar mit einem guten Fernglas ist das für einen Menschen unmöglich.

1. Falke
2. Eule
3. Katze
4. Vierauge
5. Chamäleon
6. Fangschreckenkrebs
7. Koboldmaki
8. Fliege
9. Kolosskalmar
10. Libelle

6.

Stielaugen

Die dreigeteilten Augen des bunten Fangschreckenkrebses setzen sich aus 10000 Einzelaugen zusammen. Sie sitzen beweglich auf langen Stielen. Der Krebs kann die Welt mit jedem Auge aus drei verschiedenen Blickwinkeln betrachten.

Augen

8. In Zeitlupe

Sieht ein Mensch mehr als 18 Bilder in der Sekunde, dann fügen sie sich für ihn schon zu einem Bewegungsablauf zusammen. Die Fliege hingegen sieht 250 Bilder pro Sekunde immer noch gestochen scharf. Sie sieht sozusagen alles in Zeitlupe. Dadurch kann sie auf schnelle Bewegungen wie das Zuschlagen einer Fliegenklatsche in aller Ruhe reagieren.

Große Kulleraugen

Das Hirn des Koboldmakis ist kleiner als eines seiner Augen. Die Augen des kleinen Regenwaldbewohners lassen sich nicht bewegen. Das ist hinderlich auf der Jagd. Deshalb kann der Maki seinen Kopf um 180 Grad drehen.

7.

4.

Perfekt angepasst

Die Augen des Vierauges sind jeweils mit einer waagerechten Trennwand unterteilt. Jeder Teil hat eine eigene Pupille. Das Vierauge kann mit seinen vier Pupillen gleichzeitig unter Wasser und darüber scharf sehen. Das ist optimal für die Jagd.

Spezialisierung

Kaum ein anderes Organ hat sich so perfekt wie vielfältig den Anforderungen angepasst, die es für das jeweilige Tier erfüllen muss. Jedes Tier sieht die Welt mit anderen Augen. Selbst wenn ihre Augen denen des Menschen ähneln, ist das, was das Tier sieht, nicht das, was der Mensch sieht. Vögel zum Beispiel können das Magnetfeld der Erde und UV-Licht sehen.

INTERESSANTE

1.

Schalltrichter

So wie ein Parabolspie-
gel Lichtwellen in einem
Punkt sammelt, funk-
tioniert der Gesichts-
schleier der Eule für
Schallwellen. Gebündelt
und verstärkt treffen
sie auf den Gehörgang,
der unter einer Haut-
falte verborgen liegt.
Die Eule kann damit z.B.
Mäuse unter einer dicken
Schneedecke orten.

1. Schleiereule

2. Frosch

3. Große Wachsmotte

4. Taube

5. Fledermaus

6. Grille

7. Luchs

8. Wüstenfuchs

9. Ormia-Fliege

10. Delfin

6.

Geheimnisvolle Beine

Grillen zirpen laut in lauen Sommernächten. Ihre
Hörorgane sitzen nicht am Kopf, sondern an den vor-
deren Beinen.

Ohren

Pinselohr

Die pinselförmigen Haarbüschel auf den Ohren des Luchses sehen nicht nur hübsch aus, sie haben auch eine Funktion: Die Pinsel lenken den Schall Richtung Innenohr. Dadurch kann der Luchs Geräusche in einer Entfernung von über einem Kilometer hören.

Wärmeregulation

Der Wüstenfuchs wird ca. 40 Zentimeter groß, seine Ohren bis zu 15 Zentimeter lang. Sie machen 20 Prozent seiner Körperoberfläche aus. Mit ihnen hört er Käfer über den Sand krabbeln. Viel wichtiger ist aber, dass er mit den Ohren seinen Wärmehaushalt regulieren kann und über sie überschüssige Wärme abgibt.

Ohrlos hören

Einige Frösche, wie z.B. der Gardiners Seychellenfrosch, quaken nicht nur mit ihrem Maul, sondern hören auch mithilfe ihrer Mundhöhle. Empfangene Geräusche werden dort verstärkt und an das Innenohr weitergeleitet.

Schwerhörig

Es ist von der Forschung nicht bewiesen, aber statistisch auffällig: Je höher der Anteil von weißem Fell bei einem Tier ist, desto eher kann es taub sein.

Die WEITESTEN

5.

Magnetische Landkarte

Nach dem Schlüpfen versuchen die kleinen Schildkröten möglichst schnell Strand und flaches Wasser hinter sich zu lassen, denn dort lauern die meisten Feinde. Ziel ist der Golfstrom, weil sie dort Schutz und ausreichend Nahrung finden. Einige Jahre und Tausende Kilometer später kehren die Schildkröten an ihren Geburtsstrand zurück. Sie spüren ihn dank ihres Magnetsinns auf.

1. Küstenseeschwalbe
2. Lederschildkröte
3. Grauwal
4. Wanderlibelle
5. Meeresschildkröte
6. Pfuhlschnepfe
7. Karibu
8. Wüstenheuschrecke
9. Monarchfalter
10. Weißohr-Kob

4.

Mehr-Generationen-Flug

Wanderlibellen sind zarte Tiere. Dennoch fliegen sie Jahr für Jahr von Indien aus auf die Malediven ca. 18 000 Kilometer. Allerdings fliegt nicht jedes Tier die komplette Strecke, vier Generationen teilen sich den Weg.

Wanderungen

7.

1.

Gute Schwimmer

Auf ihren Wanderungen vom Sommer- zum Winterquartier legen die Karibus bis zu 6000 Kilometer zurück – nicht nur über Land. Karibus sind gute Schwimmer und durchqueren Flüsse und große Meeresarme.

Weiteste Reise

Die Küstenseeschwalbe fliegt auf dem Weg von ihrem Sommerquartier in ihr Winterquartier ca. 40 000 Kilometer. Das entspricht ziemlich genau dem Umfang des Äquatorkreises und ist damit die weiteste Reise eines Zugvogels.

Langstrecken-Schwimmer

Ein Grauwalweibchen hat die längste Strecke zurückgelegt, die bei einem Säugetier bisher gemessen wurde: 22 511 Kilometer. Das Weibchen startete nördlich von Japan und schwamm bis vor die Küste Mexikos und nach der Überwinterung wieder zurück.

3.

Wanderung

Zwischen 5000 und 6000 Tierarten sind weltweit auf Wanderschaft. Manche wechseln ihre Standorte nur nach Tageszeit, andere legen jährlich viele Tausend Kilometer zurück, um besonders gute Futterplätze aufzusuchen, um in einem günstigeren Klima zu überwintern oder um ihre Jungen zu bekommen.

Die ZOTTELIGSTEN

1.

1. Komondor
2. Poitou-Esel
3. Hochlandrind
4. Zackelschaf
5. Galloway-Rind
6. Walliser Schwarzhalsziege
7. Mangalitza-Schwein
8. Colonel-Meow-Katze
9. Orang-Utan
10. Kiwi

Wischmopp

Der Komondor ist der König unter den Hirtenhunden. Er ist mutig und klug. Im asiatischen Raum hütete er Herden. Sein Fell bietet ihm Schutz gegen Hitze, gegen Kälte und gegen Bissverletzungen von Wölfen, Kojoten und Raubkatzen. In europäischen Fürstenhäusern war die Rasse beliebt und wurde dort auch gezüchtet.

4.

Woll-Produzent

Beachtliche fünf Kilogramm Wolle kann ein Zackelschafbock pro Jahr liefern. Die Muttertiere hingegen liefern bis zu 60 Liter Milch, die meist zu Käse verarbeitet wird.

Tiere

3.

Struppiger Schotte

Die schottischen Hochlandrinder sind
eine alte Nutztierrasse, die klein und
leicht ist. Die Hörner der Bullen sind
waagerecht nach vorne gebogen, die der
Kühe sind länger und nach oben gebogen.

Zotteliges Gefieder

10.

Das Gefieder des Kiwis sieht aus
wie strähniges Fell. Spezielle
Federn rund um den Schnabel er-
innern an die Schnurrhaare einer
Katze. Der Kiwi legt im Vergleich
zu seiner Körpergröße die statt-
lichsten Eier: 13 Zentimeter
lang, acht Zentimeter breit und
bis zu 450 Gramm schwer.

Zottelig

Die Größten sind sie nicht, aber die Schwersten:
Ein Poitou-Eselhengst kann bis zu 450 Kilogramm
auf die Waage bringen. Die Großesel-Rasse dien-
te hauptsächlich der Zucht von Maultieren. Heute
gelten sie als stark gefährdet.

2.

Zweite Haut

Fell und Federkleid schützen Tiere. Zum einen vor Witte-
rungseinflüssen wie Kälte oder Hitze. Sie sind aber auch
ein mechanischer Schutz gegen Bisswunden von Fressfeinden. Die Färbung des Fells bzw. Federkleids ist
abgestimmt auf den Lebensraum des Tiers und trägt zur
Tarnung bei.

Die GRÖSSTEN

1. Felsengebirgsschrecken

2. Sardinen

3. Gnus

4. Termiten

5. Stare

6. Wanderameisen

7. Bienen

8. Antilopen

9. Zebras

10. Graugänse

2.

Riesige Schwärme

Von Mai bis Juli wandern vor der Küste Afrikas riesige Sardinen-schwärme Richtung Norden. Sie sind so groß, dass man sie sogar vom All aus sehen kann. Bis zu 15 Kilometer lang und einen Kilometer breit, schwimmen Millionen Fische dicht an dicht. Der Schwarm bietet Schutz vor Raubfischen, die auf einzelne Tiere spezialisiert sind.

1.

Größte Tieransammlung

12,5 Billionen Felsengebirgsschrecken bildeten wohl die größte Ansammlung von Insekten bisher. Der 3000 Kilometer lange und 175 Kilometer breite Schwarm zog im August 1875 über Nebraska hinweg.

Gemeinschaften

5.

Spektakuläre Flugmanöver

Das Besondere an Starenschwärmen ist: Kein Vogel steht an der Spitze und gibt die Richtung vor. Wie ein Starenschwarm genau funktioniert, wird wissenschaftlich untersucht: Die Bewegung eines einzelnen Tiers wirkt sich immer auf den gesamten Schwarm aus.

4.

Termiten

In den riesigen Termitenstaaten hat jedes Tier seine Aufgabe: Es gibt König und Königin, Arbeiter und Soldaten.

Auf Wassersuche

Die Gnus ziehen auf der Suche nach Wasser und frischem Gras pro Jahr über 3000 Kilometer durch die Savanne. Die Herden umfassen 1,3 Millionen Tiere, die von 200 000 Zebras begleitet werden. Bis auf 50 Kilometer Entfernung nehmen Gnus Niederschläge wahr.

3.

Große Gruppen

Wenn Tiere sich zu großen Gruppen zusammenschließen, dann bringt ihnen das Vorteile bei der Aufzucht der Jungen und bei der Nahrungssuche. Darüber hinaus bieten große Herden oder Schwärme Schutz gegen Fressfeinde.

INTERESSANTE

1.

1. Laubenvogel-Nest
2. Termitenhügel
3. Biberbau
4. Thermometerhuhn-Nest
5. Wespennest
6. Starenhöhle
7. Erdferkel-Bau
8. Froschnester
9. Ameisenhügel
10. Storchennest

Architekt

Laubenvögel schmücken ihre Nester mit farbigen Objekten. Jede Art hat ihre Lieblingsfarbe. Einige der Arten beherrschen die Tricks der Perspektive: Sie legen kleinere Farbobjekte in die Nähe des Eingangs ihrer Laube und die größeren weiter nach hinten. So entsteht die Illusion, alle Gegenstände seien gleich groß!

2.

Kaminbauer

Der größere Teil eines Termitenbaus befindet sich, wie bei einem Eisberg, unter der Oberfläche. Die Termiten haben ein ausgeklügeltes Belüftungssystem über einen Kamin, sodass nicht einmal im Keller »dicke Luft« herrscht.

Behausungen

Sanieren

Störche sind ihrem Nest treu. Wenn sie aus dem Süden zurückkehren, renovieren sie. Sie sammeln neues Nistmaterial und polstern mit frischen Federn, Moos oder Gras das Nest aus. So wird es jedes Jahr größer und schwerer: Bis zu zwei Tonnen kann ein Storchennest wiegen.

Konstrukteur

Biber gestalten ihren Lebensraum selber: Sie fällen Bäume, bauen Dämme und sich selbst eine Burg. Dadurch entstehen kleine Tümpel und Teiche oder Nasswiesen.

Energiefachmann

Beim Thermometerhuhn baut der Hahn eine Art Brutschrank für die Eier. Über einer Schicht gärender Biomasse errichtet er das Nest. Die Masse entwickelt bei der Zersetzung Wärme und heizt so das Nest auf. 33,5 Grad sind die optimale Temperatur für die Eier. Der Hahn kann sie bis auf ein Grad genau mit seinem Schnabel messen.

Tierwohnungen

Die Nutzung von Tierwohnungen ist ganz unterschiedlich: Mäuse zum Beispiel haben so viele Fressfeinde, dass sie die meiste Zeit des Lebens in ihren unterirdischen Gängen verbringen. Vögel bauen ihre Nester nur auf Zeit, um die Jungen darin großzuziehen. Ein Wespennest dient dem Schutz vor Wind und Wasser.

Die BESTEN Hoch-

1.

Riesen-Hüpfer

Die Bänder an den Hinter-beinen des Kängurus sind hochelastisch. Ohne großen Kraftaufwand kann das Tier damit bis zu 13,5 Meter weit springen. Hüpfend erreicht es eine Geschwindigkeit von mehr als 50 km/h. Ist es in gemächlichem Tempo unterwegs, dann dient sein Schwanz als »fünftes Bein«, das Vortrieb liefert und auf dem auch mal das gesamte Gewicht lastet.

Kunstspringer

Manchmal springen Delfine nur zu ihrem Vergnügen aus dem Wasser, manchmal, um schneller voranzukom-men. Bis zu sieben Meter hoch steigen sie dabei aus dem Wasser.

4.

1. Graues Riesenkänguru
2. Schneeleopard
3. Klippspringer
4. Delfin
5. Blauschaf
6. Floh
7. Springfrosch
8. Heuschrecke
9. Löwe
10. Puma

3.

Hochsprung

Anmutig und grazil bewegen sich die Klippspringer auf ihren Hufspitzen fort, nicht auf dem gesamten Huf. Ih-nen reicht ein winziger Felsvorsprung aus, um aus dem Stand acht Meter hoch zu springen.

und Weitspringer

6.

Großes Talent

Springt der Floh ab, dann katapultiert er sich auf das 200-Fache seiner Körpergröße nach oben. Der Sprungkünstler erreicht eine Höhe von bis zu 60 Zentimetern.

2.

Auf Samtpfoten

Der Schneeleopard ist gezwungen, bei der Jagd Riesensätze zu machen, um Steinböcke, Schafe oder andere Tiere zu erlegen. Es wird behauptet, dass er über 15 Meter weit springt, wahrscheinlicher ist es, dass seine Weite knapp unter der des Kängurus liegt. Sein buschiger, langer Schwanz dient ihm als Steuerruder, in der Nacht, wenn er ihn um den Körper wickelt, auch als Wärmequelle.

Kein Schaf

Das Blauschaf hat zwar ein »Schaf« im Namen, zählt aber zu den Ziegenartigen. Aus dem Stand kann dieses Tier in unwegsamem, bergigem Gelände bis zu drei Meter weit springen.

5.

Die besten Springer

Menschen versuchen bei Meisterschaften immer neue Rekorde im Weit- und Hochsprung aufzustellen. Im Weitsprung erreichte der beste Mann bislang 8,95 m und die beste Frau 7,52 m. Im Hochsprung sind es bei den Männern 2,45 m und bei den Frauen 2,09 m.

Die LÄNGSTEN

1.

1. Haselmaus
2. Siebenschläfer
3. Murmeltier
4. Laubfrosch
5. Mauereidechse
6. Fledermaus
7. Blindschleiche
8. Teichmolch
9. Igel
10. Eichhörnchen

Unruhiger Schläfer

Die Haselmaus schläft bei Außen-
temperaturen von drei bis fünf
Grad ein. Ihre Körpertemperatur
fällt dann von 36,8 auf 4 Grad.
Wie viele andere Winterschläfer
unterbricht auch sie die Schlaf-
phasen immer wieder.

Winterstarre

Die Blindschleiche ist keine Schlange, sondern eine Echse.
Im Winter begibt sich die Echse bis zu 1,5 Meter unter die
Erde, immer in Gesellschaft. Bis zu 100 Echsen versammeln
sich z.B. in verlassenen Kleinsäugerbauen.

7.

Winterpausen

Winterruhe

Eichhörnchen schlafen im Winter nicht, sie ruhen. Ungefähr zwei Stunden am Tag sind sie aktiv und suchen nach Nahrung, den Rest der Zeit verbringen sie in ihrem Nest. So sparen sie Energie.

10.

3.

Wie ein Murmeltier

Im Winterbau der Murmeltiere schlafen bis zu zehn Tiere, eng zusammengerollt. Sinkt die Temperatur im Bau unter fünf Grad, dann wachen alle Tiere gemeinsam auf. Nur so ist gewährleistet, dass sie überleben. Ein schlafendes Tier mit deutlich niedrigerer Körpertemperatur würde den anderen zu viel Energie entziehen.

6.

Kopf voraus

Die insektenarme Zeit des Jahres verschläft die Fledermaus. Die Frequenz ihrer Herzschläge fällt in dieser Zeit von 600 auf 10 pro Minute.

Kein Schlaf

Während des Winterschlafs senken Tiere ihre Körpertemperatur stark ab und ihr Herzschlag verlangsamt sich. Tiere in der Winterruhe wachen immer wieder auf und haben auch keine ganz so niedrige Körpertemperatur. Frösche oder Eidechsen fallen in die Winterstarre, erst wenn die Außentemperatur steigt, können sie sich wieder bewegen.

Die LÄNGSTEN

1.

Rekordhalter

Beim Elefanten dauert die Schwangerschaft länger als bei jedem anderen Tier, ca. 660 Tage. Warum das so ist, weiß man nicht genau. Wahrscheinlich ist die Dauer ausschlaggebend für die Entwicklung des Gehirns, das bei der Geburt der Jungen schon ziemlich ausgereift ist.

1. Elefant
2. Nashorn
3. Kamel
4. Walross
5. Blauwal
6. Gorilla
7. Delfin
8. Eisbär
9. Dachs
10. Biber

8.

Im Schnee zu Hause

Vor der Geburt baut die Bärin sich eine Höhle im Schnee, in der sie sich einschneien lässt. Meist bringt sie nach 240 Tagen Tragezeit zwei Jungen zur Welt, die noch blind und taub sind. Erst im Alter von drei Monaten beginnen die kleinen Bären, die Höhle zu verlassen und ihre Umwelt zu erkunden.

Tragezeiten

Adoption

Jedes Walross-Weibchen bringt nach 370 Tagen Tragezeit nur ein Junges zur Welt, das sie eineinhalb Jahre säugt. Ungefähr fünf Jahre begleitet die Mutter ihr Kind. Stirbt die Mutter vorzeitig, wird das Kind von einer anderen Kuh adoptiert.

4.

3.

Schnell auf eigenen Beinen

Kommt ein Kamel nach 398 Tagen Tragezeit auf die Welt, dann ist es innerhalb von 24 Stunden so weit, dass es auf eigenen Beinen stehen kann. Gesäugt wird es zwölf Monate lang, richtig »erwachsen« ist es allerdings erst mit fünf Jahren.

9.

Völlig weiß

Zwei bis fünf Junge bekommt die Dachsmutter nach 200 Tagen Tragezeit im ausgepolsterten Nest. Die Jungen haben ein vollkommen weißes Fell. Erst nach vier Wochen können sie sehen. Im Alter von acht Wochen verlassen sie das erste Mal den Bau.

Kürzeste Tragezeit

Hamster haben die kürzeste Tragezeit mit nur 16 Tagen. Bis zu zwölf Junge werden geboren, die schon nach sechs Wochen selbst wieder Junge bekommen können.

Die LÄNGSTEN

2.

Rekord-durchmesser

Watussirinder sind ähnlich groß wie unsere Hausrinder, haben aber viel interessantere Hörner. Bis heute sind sie Zahlungsmittel bei den Tutsi: Je länger die Hörner, desto wertvoller das Tier. Ein Watussi-Stier steht im Guinness-Buch der Rekorde: Der Umfang seiner Hörner betrug 95,25 Zentimeter.

1. Wasserbüffel
2. Watussirind
3. Kudu
4. Kaffernbüffel
5. Alpensteinbock
6. Elenantilope
7. Impala
8. Auerochse
9. Hornwehrvogel
10. Herkuleskäfer

7.

Wie ein S

Nur die Böcke der Impalas tragen Hörner. Sie sind wie ein S gebogen und haben die Musterung einer Spirale. Knapp über 90 Zentimeter kann so ein Impala-Horn lang werden.

Hörner ✓

9.

1.

Einmalig

Der Hornwehrvogel gehört zur Familie der Wehrvögel, deren nächste Verwandte die Entenvögel sind. Das Horn des Vogels wird bis zu 15 Zentimeter lang. Es handelt sich nicht um eine verhornte Feder. Das Horn wächst direkt aus dem Schädel des Vogels. Das ist einmalig in der Vogelwelt. Somit hat dieses Tier auch das längste Horn in der Vogelwelt.

Rekordabstand

Wasserbüffel haben nicht nur die längsten Hörner, bei einem Wasserbüffel wurde 1955 auch ein Rekordabstand zwischen den Hornspitzen gemessen: 4,24 Meter.

10.

Viele Superlative

Der Herkuleskäfer kann bis zu 17 Zentimeter lang werden, damit zählt er zu den größten Käfern. Er gehört zu den stärksten Lebewesen, schafft er es doch, das 850-Fache seines Körpergewichts zu tragen. Mit bis zu 5 Zentimetern ist sein Horn auch das längste im Käferreich.

Geweih

Hornträger tragen ihr Horn ein Leben lang. Das unterscheidet Horn von Geweih. Geweihe werden regelmäßig abgeworfen und wachsen dann nach.

Die GRÖSSTEN

5.

1. Afrikanischer Strauß
2. Nandu
3. Emu
4. Kiwi
5. Höckerschwan
6. Tigerpython
7. Kaiserpinguin
8. Komodowaran
9. Steinadler
10. Gangesgavial

Vater und Mutter

Schwäne bauen ihre Nester gerne in seichtem Gewässer. Dort brüten sie dann fünf Monate lang ihre Eier aus. Die ersten Monate werden die Jungtiere von Vater und Mutter beaufsichtigt und begleitet.

4.

Vergleichsweise riesig

Kiwis werden 25 bis 45 Zentimeter groß. Im Vergleich dazu sind ihre Eier mit acht Zentimetern Durchmesser und 13 Zentimetern Länge riesig.

Eier

Leckerbissen

Schlüpft ein junger Komodowaran aus seinem Ei, hat er eine gefährliche Zeit vor sich. Seine älteren Artgenossen betrachten ihn nämlich als Leckerbissen. Erst nach einem Jahr ist er so groß, dass er selbst auf die Jagd nach den Kleinen gehen kann.

8.

1.

6.

Eine Haut

Schlangeneier haben keine feste Schale, sie sind umschlossen von einer dünnen Haut, die sehr weichem Leder ähnelt. Die kleinen Schlangen können sich nicht mit Schnabel oder Krallen aus dem Ei befreien, ihnen wächst ein spezieller Eizahn, mit dem die Schale durchstoßen wird.

Das größte Ei

Ein Straußenei entspricht etwa 25 Hühnereiern und bringt fast zwei Kilogramm auf die Waage. Die zwei Millimeter dicke Schale schützt die Küken hervorragend.

Warum Eier?

Die Wissenschaft ist sich immer noch nicht ganz sicher, warum manche Tiere Eier legen. Eine Theorie lautet: Lebende Junge zu gebären, wäre zu riskant. Wird ein trächtiges Weibchen gefressen, dann sind zwei Generationen ausgemerzt. Fallen nur die Eier einem Räuber zum Opfer, dann kann die Mutter neue legen. So ist der Fortbestand gesichert.

INTERESSANTE

1.

Die härtesten Zähne

Härtere Zähne als die der Maus gibt es nicht! Einem Diamanten wird der Härtegrad 10 zugewiesen, die Zähne der Maus liegen bei 9,6. Man kann sich also vorstellen, wie viel Schaden die kleinen Nager damit anrichten können.

1. Maus
2. Seekuh
3. Gürteltier
4. Biber
5. Elefant
6. Hai
7. Delfin
8. Heuschrecke
9. Moskito
10. Barrakuda

3.

Die meisten Zähne

Das an Land lebende Tier mit den meisten Zähnen ist das Gürteltier. Es hat 104 Zähne. Doch nicht nur das: Es hat auch besonders lange Krallen. Sie können bis zu 15 cm lang werden.

Kauwerkzeuge

Aggressiver Fisch

Der Barrakuda hat ein furchterregendes Ge-
biss. In seinem Unterkiefer finden sich weit
vorstehende Fangzähne, alle anderen Zähne
sind dolchartig spitz und sehr groß. Und
er ist ein angriffslustiger Fisch: Auf den
Westindischen Inseln wird er mehr gefürch-
tet als der Hai.

10.

Moskitobiss

Ein Moskito hat 47 Zähne. Allerdings bereiten die
den Menschen sehr viel weniger Kummer als der Stachel
der fliegenden Blutsauger. Menschen werden von Moski-
tos gestochen, nicht gebissen, auch wenn man umgangs-
sprachlich einen Stich als Moskitobiss bezeichnet.

9.

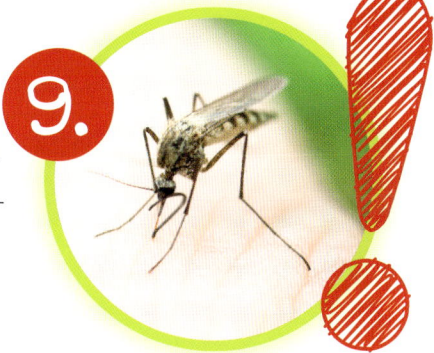

Orangerote Zähne

Das zweitgrößte Nagetier der
Welt hat riesig große orangerote
Zähne. Die Vorderzähne schleifen
sich von alleine ab, so bleibt
die Kante der Nagezähne immer
scharf. Das gesamte Biberleben
lang wachsen die Zähne nach, während die Backenzähne sich abnut-
zen und stumpf werden.

4.

Zähne

Zähne im Tierreich haben Funktionen, die weit
über das Kauen hinausgehen: Die Beute wird mit
ihnen gerissen, sie dienen der Verteidigung,
man kann mit ihnen graben oder Gegenstände an-
heben. Wird ein Tier alt, verliert es seine Zähne.
Das bedeutet den sicheren Tod.

Die STÄRKSTEN

1. Hornmilbe
2. Mistkäfer
3. Ochse
4. Adler
5. Anakonda
6. Afrikanischer Elefant
7. Gorilla
8. Weißer Hai
9. Flusspferd
10. Löwe

5.

Starker Würger

Die Große Anakonda zählt zu den größten Schlangen und sie ist die stärkste. Sie fängt Tiere, die bis zu 250 Kilogramm wiegen können, z. B. Kaimane, Wasserschweine oder Hirsche. Die Schlange erwürgt ihre Beute und verschlingt sie dann kopfvoran.

4.

König der Lüfte

Bis zu zwei Meter Spannweite haben die Flügel eines Adlers. Das ermöglicht es dem König der Lüfte, Tiere zu erjagen, die das Vierfache seines Körpergewichts haben, und mit diesen in den Krallen einfach weiterzufliegen.

Tiere

Kämpfernatur

Der Mistkäfer kann ein bis vier Zentimeter lang werden und das 1150-Fache seines Eigengewichts stemmen. Die Kraft trainiert der Käfer bei Duellen mit Artgenossen. Er ernährt sich von Dung, also dem Kot von Kühen und Pferden. Darin sind viele Pflanzenteile und genügend Flüssigkeit für den starken Käfer enthalten.

2.

Gewichtheber

Ein Gorilla kann das 10-Fache seines Gewichts stemmen: Das sind über 2000 Kilogramm. Im Vergleich dazu wirken 475 Kilogramm, Rekord im Gewichtheben der Männer, eher bescheiden.

7.

3.

Arbeitstier

Nicht umsonst wurden Ochsen früher vor Karren gespannt. Bis zu 900 Kilogramm kann ein Ochse ziehen. Eine beachtliche Leistung, bedenkt man, dass das Tier ungefähr genauso viel wiegt.

Übernatürlich stark

Die winzige blinde Hornmilbe hat selbst Wissenschaftler erstaunt. Das Spinnentier ist fünfmal stärker, als man es von einem Tier dieser Größe erwartet hätte. Die Kraft steckt in Grabklauen, die gerade einmal ein Zwanzigstel Millimeter lang sind.

Die ÄLTESTEN

1.

Ältestes Lebewesen

Das angeblich älteste Tier, das man gefunden hat, ist die Islandmuschel, ganze 507 Jahre alt. Wie bei einem Baum hat auch die Islandmuschel Wachstumsringe, und so kann man das Alter der Muschel »zählen«.

1. Islandmuschel

2. Aldabra-Riesenschildkröte

3. Koi

4. Grönlandwal

5. Roter Seeigel

6. Kaiserbarsch

7. Hummer

8. Brückenechse

9. Gelbbrustara

10. Schwertwal

9.

Haustier lebenslänglich

Der Gelbbrustara hat eine wunderschöne Färbung. Auch deshalb wird er gerne in Volieren gehalten. Bedenken muss man bei diesem Haustier, dass es über 100 Jahre alt werden kann. Es überlebt seinen Menschen also ziemlich sicher.

Tiere

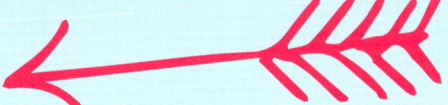

2.

Uralter Riese

Adwaita, der Unvergleichliche, hieß
ein Männchen der Aldabra–Riesenschild–
kröten–Art, das in Indien in einem Zoo
lebte: Es wurde 256 Jahre alt!

Delikatesse

Hummer gilt als Delikatesse. Hat ein Hummer Glück und landet nicht im Kochtopf,
dann kann er über 100 Jahre alt werden.

7.

3.

Erbstück

Koi-Karpfen sind besonders in Japan
beliebte Zierfische. Belegt ist das
Leben von Hanako: Er wurde 1751 geboren und starb 1977. Er wurde also
226 Jahre alt. Sein letzter Besit-
zer, Dr. Koshihara, erbte ihn von
seiner Großmutter.

Das Geheimnis der Schildkröte

Schildkröten weigern sich nicht, alt zu werden, sie
haben einen deutlich langsameren Stoffwechsel als
Menschen. Sie können monatelang auf Nahrung verzich-
ten, dann setzt auch ihr Herzschlag aus. Das verzö-
gert das Altern enorm.

Die SCHNELLSTEN

1.

Schnelle Schnauze

Der Fächerfisch wird auch Segelfisch genannt. Er erzielt nicht nur im Wasser hohe Geschwindigkeiten. Um Beute zu machen, pirscht er sich an einen Fischschwarm heran. Dann schlägt er seine Schnauze mit bis zu 20 km/h herum. Dadurch werden Fische schwer verletzt, die dann leichte Beute für ihn sind.

1. Fächerfisch
2. Gestreifter Marlin
3. Roter Thunfisch
4. Blauhai
5. Schwertfisch
6. Weißflankenschweinswal
7. Kalifornischer Seelöwe
8. Kalmar
9. Eselspinguin
10. Lederschildkröte

3.

Schnell im Schwarm

Der kräftige Körper des Thunfischs hat die Form eines Torpedos. Er schwimmt bis zu 90 km/h schnell. Die Strecke von Europa nach Amerika schaffen die geselligen Fische in wenigen Wochen, immer in großen Schwärmen.

Schwimmer

Düsenjet

8.

Kalmare bewegen sich rückwärts mit einer Art Raketenantrieb durch das Wasser und können sich so schnell fortbewegen. Einige Kalmare können diese Technik auch so nutzen, dass sie über der Wasseroberfläche »fliegen«.

Unterwasserflug

9.

Der Schrei des Eselspinguin hört sich an wie der eines Esels: Iah! Innerhalb der Pinguinfamilie ist er der schnellste Schwimmer. Unter Wasser erreicht er bis zu 36 km/h, angetrieben von seinen steifen Flossen. Auch bei hohen Geschwindigkeiten kann der Pinguin schnelle und genaue Richtungswechsel vornehmen.

Flinker Löwe

Der Kalifornische Seelöwe ist mit bis zu 40 km/h nicht nur ein schneller Schwimmer. Er ist auch weniger aggressiv als seine Artgenossen, sehr verspielt und neugierig. Eine der bekanntesten Seelöwen-Kolonien hat sich ganz in der Nähe der Golden Gate Bridge angesiedelt.

7.

Wasserwiderstand

Wasser ist um ein Vielfaches dichter als Luft. Tiere, die unter Wasser schnell sind, müssen also gegen einen enormen Widerstand anschwimmen, viel Kraft aufwenden, um so schnell zu flitzen. Deshalb ist der Körper der schnellen Schwimmer stromlinienförmig und bietet möglichst wenig Angriffsfläche.

Die LUSTIGSTEN

3.

Klappgelenk

Die Dosenschildkröte hat quer über ihren Bauchpanzer ein Gelenk. Bei Gefahr zieht die Schildkröte Kopf und Gliedmaßen ein und verschließt mit dem Gelenk ihren Panzer komplett. Keine Öffnung ist mehr zugänglich. Das ist der Grund, warum sie Dosenschildkröte heißt.

1. Hirschmaus
2. Taschenratte
3. Dosenschildkröte
4. Blumentopfschlange
5. Teppichchamäleon
6. Tannenzapfenechse
7. Motorradfrosch
8. Heiliger Pillendreher
9. Wandelnde Geige
10. Lachender Hans

4.

Blinder Passagier

Die Blumentopfschlange ist eine sehr kleine Schlange und lebt gerne im Wurzelbereich der Pflanzen. Dadurch wurde sie oft vom Menschen unbeabsichtigt an die unterschiedlichsten Orte gebracht.

Namen

Vertrocknetes Blatt

Diese Fangschrecke erinnert eher an ein vertrocknetes Blatt. Dank ihres Aussehens ist sie kopfvoran an Ästen hängend auch hervorragend getarnt. Da ihr Körper an den einer Geige erinnert, wird sie im Deutschen auch »Wandelnde Geige« genannt.

9.

10.

Lachnummer

Der Jägerliest oder Lachende Hans ist der größte Vogel in der Familie der Eisvögel. Seine Besonderheit: Ruft der Lachende Hans, dann hört sich das wie lautes Lachen eines Menschen an.

6.

Zwei Köpfe

Die Schuppen dieser Echsenart ähneln den Schuppen eines Tannenzapfens. Ihr Schwanz läuft nicht spitz zu, eher sieht er aus wie ein zweiter Kopf. Das verwirrt die Fressfeinde: Sie wissen nicht genau, wo sie zubeißen müssen, um das Tier sofort zu töten.

Orientalischer Teppich

Die Musterung dieses Chamäleons erinnert an einen wunderschönen, fein geknüpften orientalischen Teppich, deshalb verwundert sein Trivialname, Teppichchamäleon, nicht. Es lebt ausschließlich auf der Insel Madagaskar.

5.

Fast UNZERSTÖRBAR

2.

Auftaugeeignet

Die Riesen-Weta ist ein großes und schweres Insekt. Ein schwangeres Weibchen, das gewogen wurde, brachte 71 Gramm auf die Waage! Sie ist außerdem das größte Insekt, das nach dem Einfrieren wieder lebendig auftauen kann.

1. Kakerlake
2. Riesen-Weta
3. Floh
4. Springspinne
5. Walhai
6. Seepocke
7. Bärtierchen
8. Plattwurm
9. Napfschnecke
10. Honigdachs

4.

Hoch hinaus

Die Springspinne *Euophrys omnisuperstes* lebt im Himalaja. Sie wurde bis zu einer Höhe von 6700 Metern gesichtet. Kälte und Schnee schaden ihr also nicht.

1.

Ohne Kopf

Bis zu neun Tage kann eine Kakerlake ohne Kopf überleben: Sie läuft herum, häutet sich, und sogar fortpflanzen kann sie sich auch kopflos noch. Das Wichtigste, das die Kakerlake mit dem Kopf verliert, ist der Mund: Sie kann nicht mehr fressen und verhungert.

Dicke Haut

Der Honigdachs ist klein, aber mutig. Fühlt er sich bedroht, dann greift er auch Großkatzen oder Büffel an. Selbst vor hochgiftigen Puffottern macht er nicht halt. Gut geschützt ist das Tier, das zur Familie der Marder zählt, durch seine dicke Haut.

10.

6.

Harte Schale

Seepocken besitzen eine extrem widerstandsfähige Schale und kleben wie mit Superklebstoff an ihrem Untergrund fest.

Viele Nachkommen

Flöhe vermehren sich explosionsartig. Saugt ein Weibchen Blut, dann kann es ca. drei Stunden später Eier legen. Im Schnitt legt ein Weibchen 27 Eier am Tag, es können aber bis zu 50 sein.

3.

Supersinne

1. Aal
2. Fledermaus
3. Schlange
4. Biene
5. Fisch
6. Zitteraal
7. Erdkröte
8. Katze
9. Delfin
10. Hund

7.

Erdbeben

Kröten können über Sinnes-
zellen in der Haut che-
mische Veränderungen von
Wasser wahrnehmen. Gerade
vor Erdbeben hat man be-
obachtet, dass sich Kröten
zurückziehen. Es könnte
sein, dass die Kröten z. B.
unter Wasser ausströmende
Gase wahrgenommen haben.

1.

Supernase

Die beste Nase im Tierreich hat der Aal. Er kann
einen Tropfen Flüssigkeit in der 25-fachen Was-
sermenge des Bodensees wahrnehmen.

4. Landeplatz

Was der Mensch als Rot wahrnimmt, ist den Augen einer Biene Schwarz. Dafür kann die Biene aber UV-Licht sehen. Das machen sich Pflanzen zunutze, die auf ihren Blütenblättern – für den Menschen unsichtbare – Landeplätze für Bienen kennzeichnen.

Tasten

Sieht eine Katze in der Dunkelheit nicht genügend, dann verlässt sie sich auf ihren Tastsinn. Sie hat nicht nur um ihr Maul herum Tasthaare, sondern auch über den Augen und an der Rückseite der Vorderpfoten. Diese festen Haare sind mit Nerven ausgestattet und liefern der Katze auch über größere Entfernungen Informationen zum Raum.

8.

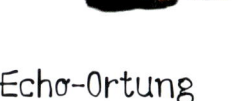

Echo-Ortung

Delfine haben nicht nur ein gutes Gehör, sie haben auch ein Sonar. Das setzen sie zur Echo-Ortung ein: Sie senden zwei Schallbündel aus. Anhand des Schallechos können sie erkennen, welches Objekt sich in ihrer Nähe befindet und wo genau es sich aufhält.

9.

Mehr als 5 Sinne

Sehen, riechen, tasten, schmecken und hören, das können Menschen. Tiere schlagen uns mit ihren Supersinnen aber um Längen. Sie haben ganz besondere Sinnesorgane und mehr als einen sechsten Sinn: Schlangen können z. B. mit einem Grubenorgan im Dunkeln ihre Beute erkennen. Das Organ funktioniert dabei wie eine Wärmebildkamera.

Brautwerbung

Tanz

Während der Balzzeit überreichen sich die Haubentaucher Geschenke: Nistmaterial oder Futter. Beeindruckend ist der Tanz der Haubentaucher auf dem Wasser: Dank besonders schneller Bewegungen ihrer Flossen können sie sich Brust an Brust aus dem Wasser erheben. Sie sehen dann fast wie Pinguine aus. Diese Pose heißt auch Pinguinpose.

3.

Love

1. Laubenvogel

2. Schimpanse

3. Haubentaucher

4. Saphirkrebs

5. Motte Cosmosoma myrodora

6. Buckelwal

7. Paradiesvogel

8. Winkerkrabbe

9. Polyphemus-Motte

10. Hyäne

Gesang

Wirbt der Wal um ein Weibchen, dann beginnt er zu singen: Bis zu einer halben Stunde dauern die komplizierten Gesänge, die lauter sein können als ein startender Düsenjet.

6.

9. Duft

Obwohl die Polyphemus-Motte keine Nase hat, besitzt sie einen extrem guten Geruchssinn. Die beiden leicht gebogenen Fühler am Kopf, die auch Antennen genannt werden, sind mit unzähligen Riechhaaren ausgestattet. Damit kann das Männchen die Lockstoffe des Weibchens auch in sehr geringer Konzentration wahrnehmen.

2. Geschenke

Schimpansen bringen ihren Weibchen gerne etwas Schönes mit: eine waghalsig erbeutete Frucht oder einen anderen Leckerbissen. Das wirkt bei den Weibchen. Männchen, die oft Geschenke mitbringen und ihre Beute teilen, paaren sich auch häufiger mit Weibchen.

Winken

Die Männchen der Winkerkrabbe haben eine besonders große Schere. Mit ihr verteidigen sie sich gegen Artgenossen. Zur Paarungszeit winken sie mit dieser Schere den Weibchen, wobei alle Männchen einer Kolonie im gleichen Takt winken.

8.

Wenn alles nicht hilft

Wenn das gesamte Werben nichts nützt, hat die Natur noch eine weitere Möglichkeit parat, wie Tiere sich fortpflanzen können. Ein Hammerhai-Weibchen kann sich z. B. alleine fortpflanzen. Der Nachteil: Die Gene durchmischen sich nicht, ein Gendefekt kann sich durch Eigenbefruchtung schneller ausbreiten.

Zahlen & Fakten

Die lautesten Tiere
(Seite 8)

1. Pistolenkrebs — 250 dB
2. Pottwal — 230 dB
3. Blauwal — 188 dB
4. Großes Hasenmaul — 137 dB
5. Kakapo — 132 dB
6. Molukkenkakadu — 129 dB
7. Nördlicher Seeelefant — 125 dB
8. Elefant — 117 dB
9. Löwe — 114 dB
10. Afrikanische Zikade — 107 dB

Die kleinsten Tiere
(Seite 18)

1. Fisch *Paedocypris progenetica* — 8 mm
2. Hundertfüßer *Nannarrup hoffmani* — 10 mm
3. Satomi-Zwergseepferdchen — 14 mm
4. Tintenfisch *Octopus wolfi* — 15 mm
5. Chamäleon *Brookesia micra* — 16 mm
6. Kugelfingergecko — 18 mm
7. Schweinsnasenfledermaus — 33 mm
8. Etruskerspitzmaus — 48 mm
9. Bienenelfe — 57 mm
10. Gesägte Flachschildkröte — 80 mm

Die gefährlichsten Tiere (Seite 14)

1. Mücke — 725 000 Menschen/Jahr
2. Hund — 25 000 Menschen/Jahr
3. Raubwanze — 10 000 Menschen/Jahr
4. Süßwasserschnecke — 10 000 Menschen/Jahr
5. Tsetse-Fliege — 10 000 Menschen/Jahr
6. Spulwurm — 2500 Menschen/Jahr
7. Bandwurm — 2000 Menschen/Jahr
8. Krokodil — 1000 Menschen/Jahr
9. Elefant — 500 Menschen/Jahr
10. Nilpferd — 100 Menschen/Jahr

alle Angaben sind ca.-Werte

Die schnellsten Tiere (Seite 20)

1.	Wanderfalke	389 km/h
2.	Steinadler	320 km/h
3.	Schwarzer Marlin	130 km/h
4.	Gepard	120 km/h
5.	Afrikanischer Strauß	97 km/h
6.	Mexikanische Bulldoggfledermaus	96 km/h
7.	Gabelbock	88,5 km/h
8.	Löwe	80 km/h
9.	Hirschziegenantilope	80 km/h
10.	Echter Hase	80 km/h

Die langsamsten Tiere
(Seite 24)

1.	Fadenwurm	0,000083 m/h
2.	Bananenschnecke	0,10 m/h
3.	Seepferdchen	1,50 m/h
4.	Seestern	4,80 m/h
5.	Weinbergschnecke	7,00 m/h
6.	Faultier	144 m/h
7.	Riesenschildkröte	370 m/h
8.	Seekuh	7000 m/h
9.	Koala	keine Angabe möglich
10.	Gila-Krustenechse	keine Angabe möglich

Die besten Taucher
(Seite 28)

1.	Cuvier-Schnabelwal	137 Min.
2.	Pottwal	120 Min.
3.	Wedellrobbe	60 Min.
4.	Geierschildkröte	45 Min.
5.	Meerechse	30 Min.
6.	Walross	30 Min.
7.	Seekuh	20 Min.
8.	Kaiserpinguin	18 Min.
9.	Dugong	6 Min.
10.	Seeotter	5 Min.

Zahlen & Fakten

Die größten Schmetterlinge (Seite 30)

1.	Brasilianische Rieseneule	30 cm
2.	Königin-Alexandra-Vogelfalter	28 cm
3.	Goliath Birdwing	28 cm
4.	Herkulesspinner	27 cm
5.	Atlasspinner	26 cm
6.	Afrikanischer Riesenschwalbenschwanz	23 cm
7.	Nachtpfauenauge	17 cm
8.	Windenschwärmer	13 cm
9.	Monarchfalter	12,5 cm
10.	Schwalbenschwanz	7,5 cm

Die weitesten Wanderungen (Seite 42)

1.	Küstenseeschwalbe	40 000 km
2.	Lederschildkröte	20 558 km
3.	Grauwal	20 000 km
4.	Wanderlibelle	18 000 km
5.	Meeresschildkröte	14 500 km
6.	Pfuhlschnepfe	11 500 km
7.	Karibu	6000 km
8.	Wüstenheuschrecke	4500 km
9.	Monarchfalter	3200 km
10.	Weißohr-Kob	1500 km

Die längsten Winterpausen (Seite 52)

1.	Haselmaus	6 – 7 Monate
2.	Siebenschläfer	6 – 7 Monate
3.	Murmeltier	5 – 6 Monate
4.	Laubfrosch	5 – 6 Monate
5.	Mauereidechse	5 – 6 Monate
6.	Fledermaus	5 – 6 Monate
7.	Blindschleiche	4 – 5 Monate
8.	Teichmolch	4 – 5 Monate
9.	Igel	3 – 4 Monate
10.	Eichhörnchen	2 – 3 Monate

Die längsten Tragezeiten

(Seite 54)

1.	Elefant	660 Tage
2.	Nashorn	450 Tage
3.	Kamel	398 Tage
4.	Walross	370 Tage
5.	Blauwal	360 Tage
6.	Gorilla	298 Tage
7.	Delfin	276 Tage
8.	Eisbär	240 Tage
9.	Dachs	200 Tage
10.	Biber	ca. 180 Tage

Die längsten Hörner

(Seite 56)

1.	Wasserbüffel	1,97 m
2.	Watussirind	1,90 m
3.	Kudu	1,68 m
4.	Kaffernbüffel	1,63 m
5.	Alpensteinbock	1,47 m
6.	Elenantilope	1,12 m
7.	Impala	0,92 m
8.	Auerochse	0,80 m
9.	Hornwehrvogel	15 cm
10.	Herkuleskäfer	17 cm

Die größten Eier (Seite 58)

1.	Afrikanischer Strauß	15 cm Durchmesser, 20 cm Länge
2.	Nandu	12 cm Durchmesser, 17 cm Länge
3.	Emu	9 cm Durchmesser, 13 cm Länge
4.	Kiwi	8 cm Durchmesser, 13 cm Länge
5.	Höckerschwan	7 cm Durchmesser, 15 cm Länge
6.	Tigerpython	6,5 cm Durchmesser, 13 cm Länge
7.	Kaiserpinguin	6,5 cm Durchmesser, 11 cm Länge
8.	Komodowaran	6 cm Durchmesser, 12 cm Länge
9.	Steinadler	6 cm Durchmesser, 7,5 cm Länge
10.	Gangesgavial	5,5 cm Durchmesser, 7 cm Länge

Bildnachweis

© 2017 arsEdition GmbH, Friedrichstraße 9, 80801 München
Alle Rechte vorbehalten
Text: Annette Maas
Satz: Angelika Schön

ISBN 978–3–8458–2069–9

www.arsedition.de

MIX
Papier aus verantwortungsvollen Quellen
FSC® C020056